Inhalt

Modelle aus der Organisationsforschung - für den gekonnten Umgang mit der Ungewissheit

Kernthesen

Beitrag

Fallbeispiele

Weiterführende Literatur

Impressum

Modelle aus der Organisationsforschung - für den gekonnten Umgang mit der Ungewissheit

Robert Reuter

Kernthesen

- Zu den derzeit größten den Unternehmen gestellten Herausforderungen gehört der Umgang mit dem Wandel, mit der Ungewissheit und mit der Schnelllebigkeit von Marktentwicklungen.
- Aus Sicht der Organisationsforschung bedarf es für die Beherrschung dieser Phänomene einer speziellen Organisationsform.

- Die Unternehmen sollten danach streben, zu agilen und/oder kreativen Organisationen zu werden.
- Klärende Beiträge zur Beantwortung der Frage, wie Unternehmen unter den aktuellen Vorzeichen erfolgreich sein können, liefert auch die Neoinstitutionalismus-Forschung.

Beitrag

Volatile Märkte fordern die Unternehmen heraus

Das heute schnelllebige Marktgeschehen mit immer kürzeren Produktionszyklen stellt die Unternehmen vor große Herausforderungen. Die hohe Volatilität der Märkte verlangt eine Unternehmensorganisation, die es der Firma ermöglicht, schnell und flexibel auf Veränderungen zu reagieren. Die Befähigung, mit Schnelllebigkeit und damit Marktunsicherheit umzugehen, ist daher nicht nur ein Thema für Manager und Strategen. Auch die Organisationsforschung versucht, wissenschaftlich fundierte Konzepte vorzulegen, die den Unternehmen zeigen, wohin sie sich als Organisation entwickeln müssen, um auch in Zukunft erfolgreich zu sein. Grundvoraussetzung ist, dass Unternehmen lernfähig und offen für neue Konzepte und Ideen sind. (1)

Vier Modelle für den Umgang mit dem Wandel

Von der Organisationsforschung sind viele Modelle entwickelt worden, um Unternehmen hinsichtlich ihrer Organisationsform zu klassifizieren. Um auf Volatilität und Ungewissheit zu reagieren, stehen den Organisationsexperten zufolge vier Wege offen. Am schlechtesten kommt demnach die **Reaktive Organisation** mit den heutigen Anforderungen zurecht. Solche Unternehmen sind durch eine bürokratische Struktur gekennzeichnet, die es verhindert, dass das Unternehmen schnell auf Marktentwicklungen reagieren kann.

Besser gewappnet ist die **Agile Organisation**. Sie zeichnet sich durch eine hohe Verknüpfungsintelligenz der Organisationsmitglieder aus, die es dem Unternehmen ermöglicht, rasch Ressourcen für Problemlösungsprozesse zu mobilisieren. Agile Organisationen können daher besonders schnell auf neue Markttrends reagieren.

Eine andere Organisationsform, der ein gekonnter Umgang mit der Ungewissheit zugeschrieben wird, ist die **Kreative Organisation**. Um als eine solche zu gelten, reicht es nicht aus, dass einzelne Kreativköpfe in dem Unternehmen arbeiten. Kennzeichnend ist viel mehr eine Unternehmenskultur, in der freies Denken, verrückte Ideen und die Lust am gemeinsamen Brainstorming zur Tagesordnung gehören. Kreative Organisationen - zu denen beispielsweise das US-Unternehmen Pixar gezählt wird - beziehen ihre Schlagkraft aus der Geschwindigkeit, mit der es ihnen gelingt, mit neuen Ideen auf den Wandel zu reagieren.

Schon in den 1970er Jahren eingeführt wurde der Begriff **Beidhändige (ambidextrous) Organisation**. Mir organisationaler Ambidextrie ist die Fähigkeit von Organisationen gemeint, das Bestehende zu nutzen, um Neues zu erkunden. Beidhändige Organisationen gelingt es hierdurch, eigentlich zueinander im Widerspruch stehende Anforderungen unter einen Hut zu bringen. Sie sind sowohl effizient - was eigentlich erst möglich ist, wenn sich Prozesse über einen längeren Zeitraum eingeschliffen haben - als auch flexibel und innovativ. Je nach Bedarf ist die beidhändige Organisation in der Lage, agile oder kreative Anpassungsmuster anzuwenden. (1)

Organisationswandel - eine schwierige Aufgabe

Ein grundsätzliches Problem aller Unternehmen ist es, die bestehende Organisationsform zu verändern. Nur etwa die Hälfte aller Reorganisationsversuche in Unternehmen verläuft erfolgreich, lautet das Ergebnis einer jüngst veröffentlichten Studie. An diesem Befund ändert nichts, dass der Markt an Unternehmensberatungen, Ratgebern zum Change-Management und neuen Konzepten überquillt. Stattdessen haben sich die Beschäftigten an die Reorganisation als Dauerzustand gewöhnt - was ein Grund dafür sein kann, dass sie oft wirkungslos im Sande verläuft. Das ist umso bedauerlicher, da jede Maßnahme mit viel Arbeit, Energie und nicht zuletzt Kosten einhergeht.

Aus der Befragung haben die Autoren der Studie sechs Faktoren abgeleitet, die über den Erfolg einer Reorganisation entscheiden. Diese Faktoren heißen

1. die Orientierung an strategischen Zielen

2. klare Rollen und Verantwortlichkeiten

3. Führungskompetenz

4. dezentrale Organisationsgestaltung

5. Umsetzungskompetenz

6. die Wahl des richtigen Zeitpunkts

Die Autoren fanden heraus, dass die Erfolgsrate von Change-Prozessen im Unternehmen umso höher ausfällt, je mehr diese Faktoren bei der Reorganisation beachtet wurden. Bei Unternehmen, die nur einen Faktor berücksichtigten, lag die Erfolgsquote bei nur 32 Prozent, jeder zusätzliche Faktor steigerte die Erfolgswahrscheinlichkeit auf bis zu 88 Prozent. Als Schlüsselfaktoren für eine erfolgreiche Neuorganisation von Unternehmen haben die Verfasser der Studie die Führungskompetenz der Verantwortlichen ausgemacht. (2)

Institutionen schaffen Ineffizienz

Eine der einflussreichsten Organisationstheorien der vergangenen 35 Jahre ist der Neoinstitutionalismus. Eine zentrale Prämisse dieser Theorie ist, dass sich im Laufe der Zeit in Unternehmen oder Gesellschaften unhinterfragte und daher selbstverständliche Annahmen entwickeln - sogenannte Institutionen -, die darauf Einfluss nehmen, welchen Weg Akteure als den richtigen zur Erreichung eines Ziels erachten. Etwas flapsig ausgedrückt könnte man Institutionen auch als Denkschablonen bezeichnen. Eine Institution im Sinne dieser Lehre ist es beispielsweise, wenn ein Unternehmen über viele Jahre am Assessmentcenter zur Auswahl von neuen Mitarbeitern festhält, ohne zu hinterfragen, ob sich hierdurch tatsächlich die besten Neueinsteiger finden lassen. In der Tat ist dies nämlich oft nicht so. Untersuchungen haben gezeigt, dass in vielen Bereichen einfache Tests stichhaltigere Erkenntnisse über den Bewerber liefern als Assessmentcenter.

Die Herausbildung von Institutionen in Form nicht mehr hinterfragter Grundannahmen muss aber nicht zwangsläufig in die Ineffizienz führen. Positiv können sie wirken, etwa wenn sich die Institution auf die Erreichung einer Benchmark richtet. In der Praxis könnte es beispielsweise eine zulässige Annahme sein, dass sich ein erfolgreiches Smartphone am marktführenden Gerät von Apple orientieren sollte.

Für das hier behandelte Thema, nämlich den Umgang von Organisationen mit dem Wandel, bietet der Neoinstitutionalismus einen Fingerzeig darauf, wo die Probleme herkommen. Nicht mehr hinterfragte Handlungen können ineffizient sein, und es ist dann Aufgabe der Unternehmen, diese Muster aufzuspüren. Dies ist allerdings nicht leicht, denn was als selbstverständlich angesehen wird, kann nur mit einigen Anstrengungen als verbesserungswürdig entlarvt werden. Hilfreich zur Aufdeckung ineffizienter Institutionen ist der Vergleich mit anderen Unternehmen, also das Benchmarking. (3), (4)

Trends

Employer Branding - ein Thema auch für die Organisationsforschung

Immer mehr Unternehmen betreiben aktiv Employer Branding, das heißt, sie arbeiten am Markenimage mit dem Ziel, im Kampf um die besten Köpfe besonders attraktiv zu sein. Trotz der wachsenden Verbreitung ist Employer Branding jedoch wissenschaftlich immer noch kaum erforscht. Nun aber nimmt sich auch die Organisationsforschung des Themas an und versucht zu ergründen, mit welchen Determinanten sich die Verbreitung von Employer Branding in deutschen Unternehmen erklären lässt. Dabei wird von den Organisationsforschern in einer neueren Arbeit auf die Grundlagen des Neoinstitutionalismus zurückgegriffen. Eine weitere zentrale Annahme dieser Theorie ist, dass die Ausbildung von Institutionen mit dem Ziel geschieht, gesellschaftliche und ökonomische Legitimität für das Unternehmen zu schaffen. Die Forscher sehen nun auch Employer Branding auf dem Weg zur Institution, da es als vorbehaltlos positiv angesehen wird und überdies dem Ziel der Personalrekrutierung dient - womit Legitimität allein schon dadurch erreicht ist, dass sich die Bewerber dem Unternehmen zuwenden. (5)

Fallbeispiele

Faktor Mensch gibt den Ausschlag

Eine globale Studie der Boston Consulting Group hat ergeben, dass überdurchschnittliche Leistungsfähigkeit eines Unternehmens vor allem auf verhaltensorientierten Kompetenzen der Organisation gründet. Die agile Organisation braucht demnach zuallererst eine kompetente Führung, Kooperationsbereitschaft zwischen den Unternehmensbereichen, hohe Mitarbeitermotivation und eine positive Unternehmenskultur. Die Studie macht damit klar, dass es bei allen Überlegungen über Organisationsformen oder Managementmethoden der Faktor Mensch ist, der den Ausschlag für Erfolg oder Misserfolg gibt. (6)

Weiterführende Literatur

(1) Entwicklungslinien zukünftiger organisatorischer Strukturen und Prozesse
aus ZFO - Zeitschrift Führung und Organisation 05/2012, S.329

(2) Erfolgreich reorganisieren
aus ZFO - Zeitschrift Führung und Organisation
05/2012, S.300

(3) Imitation und Institutionalisierung
aus ZFO - Zeitschrift Führung und Organisation
05/2012, S.342

(4) Umweltbeeinflussung durch Events?
Institutionalisierungsarbeit und feldkonfigurierende
Veranstaltungen in organisationalen Feldern**
aus zfbf - Schmalenbachs Zeitschrift für
betriebswirtschaftliche Forschung, Ausgabe August
2011, Seite 458-484

(5) Determinanten des Employer Branding in
deutschen Unternehmen / Ein
Neoinstitutionalistischer Erklärungsansatz
aus DBW - Die Betriebswirtschaft 03/2012, S.235

(6) Spielräume statt Regeln
aus ZFO - Zeitschrift Führung und Organisation
01/2012, S.051

Impressum

Modelle aus der Organisationsforschung - für den gekonnten Umgang mit der Ungewissheit

Bibliografische Information der deutschen Nationalbibliothek

Die Deutsche Nationalbibliothek verzeichnet diese Publikation in der deutschen Nationalbibliografie; detaillierte bibliografische Daten sind im Internet über http://dnb.d-nb.de abrufbar.

ISBN: 978-3-7379-0262-5

© 2015 GBI-Genios Deutsche Wirtschaftsdatenbank GmbH, Freischützstraße 96, 81927 München, www.genios.de

Alle Rechte vorbehalten. Dieses Werk ist einschließlich aller seiner Teile – z.B. Texte, Tabellen und Grafiken - urheberrechtlich geschützt. Jede Verwertung außerhalb der Grenzen des Urheberrechtsgesetzes bedarf der vorherigen Zustimmung des Verlags. Dies gilt insbesondere auch für auszugsweise Nachdrucke, fotomechanische Vervielfältigungen (Fotokopie/Mikroskopie), Übersetzungen, Auswertungen durch Datenbanken oder ähnliche Einrichtungen und die Einspeicherung und Verarbeitung in elektronischen Systemen.